HÖRE DAS MEER...

Heiteres und Tiefgründiges
Gedichte und mehr

von
Hanna Sieck

Impressum

Bibliografische Information der Deutschen Nationalbibliothek:
Die Deutsche Nationalbibliothek verzeichnet diese Publikation in der Deutschen Nationalbibliografie; detaillierte bibliografische Daten sind im Internet über http://dnb.dnb.de abrufbar.

Herstellung und Verlag: BoD – Books on Demand, Norderstedt
ISBN: 978-3-7526-2674-2

Inhalt

Abendstimmung Hafen Eckernförde

Sonnenuntergang.
Schiffe dümpeln leise vor sich hin.
Tu Solo Tu liegt verlassen da.
Menschen sitzen, trinken und essen
in der Abendsonne.
Gelangweilte Fischbrötchenverkäufer
warten auf den Feierabend,
spielen lustlos mit ihrem Handy.
Die Klappe zum Verkauf ist schon zu.
Motorengeräusch in der Ferne.

Am Strand

Höre das Meer
Wie es raunt, brodelt und zischt.
Es erzählt von vergang´nen Tagen,
von großen Schiffen,
die dereinst unter schweren Segeln
die Meere befahren.
Da! Ist´s ein Matrose der spricht?
Ach nein, es ist nur die Gischt.
Und weiter gehst du versunken
am Strand entlang.
Versunken in Nichts.

Angst

Erlauchtes Publikum!

Herr Niemand, Sie wissen, es ist der Vortraghaltende des heutigen Abends und dem Sie sich die Ehre erwiesen haben, Ihnen heute Ihr erlauchtes Ohr zu leihen, um, also der Herr Niemand lässt Ihnen durch mich mitteilen, dass er leider nicht in der Lage sein wird (ist) Abend hier vor Ihnen zu erscheinen. Beziehungsweise er nicht in der Lage ist, Ihren Anblick zu ertragen. Ja, ich glaube, so ähnlich drückte er sich aus. Er war voll des guten Mutes, voller Hoffnung, ja, er war sich sogar ziemlich sicher, wie er sagte, dass er es heute würde schaffen können. Und wir, äh, das heißt ich, den ich Herrn Niemand ja schon so lange die Ehre habe wie sonst niemand unter Ihnen zu kennen und deshalb ein gewisses Privileg habe, sozusagen ein Erfahrungsvorsprungprivileg, wenn ich mich einmal so ausdrücken darf, war ebenso der festen Überzeugung wie er selbst, dass er es heute nun endlich nachdem wir alle und ich schließe mich da ein, gewiss, gewiss doch, nun schon so lange auf diesen Augenblick gewartet haben, es heute, wie gesagt, schaffen würde, vor Ihnen, vor uns allen zu erscheinen. Er war wirklich außergewöhnlich guter Dinge heute Nachmittag, wir nahmen gemeinsam ein Essen ein, ja, man, äh, ich meine ich kann sogar sagen, er wirkte wie aufgedreht, aufgekratzt, war richtig fröhlich. Wie es nun zu diesem urplötzlichen Stimmungswandel kam? Schwer, wenn gar unmöglich zu sagen, meine sehr verehrten Damen und Herren. Sicher weiß ich nur eines, ich sah, wie er aus dem Fenster blickte, Sie alle, die Sie jetzt vor mir sitzen, dem Saal zuströmend, im Auge behaltend, dann plötzlich zur Toilette stürzte, sich erbrach, wie ich hören konnte und leichenblaß nach einer Weile wieder erschien, wie verwandelt. Mit großen, leeren, fast wie vor Schreck geweiteten Augen, er wirkte irgendwie verstört und zu mir stammelte. "Nein. Sagen Sie den Leuten, ich kann nicht kommen." Aber warum, aus welchen Gründen, kann ich Ihnen auch nicht sagen. Guten Abend.

Apfelbaumes Traum

Träumte einst ein Apfelbaum
wie es wohl wär´,
hätt er keine Äpfel mehr.
Brrr! Es schüttelte ihn sehr
und als er wieder aufgewacht,
da hat er laut gelacht.
War ihm doch gleich klar,
als er die vielen Äpfel sah,
daß alles nur ein Traum.
Ja, man glaubt es kaum,
das träumte einst ein Apfelbaum.

Auf Sylt

Morgen fahre nach Morsum.
Da werd ich morsen und summen,
bis die Polizei wird kummen.
Und mich fragen:
Was tun Sie hier,
Was ist ihr Pläsier?
Und ich wird sagen:
Morsen und summen,
hören Sie's denn gar nicht
brummen?

Heute machte ich einen Marsch
Nach Munkmarsch,
wollte mir den Hafen ansehn,
doch der war für'n Ar.......
Zutritt nur für Mitglieder,
es zuckte kurz in meinen Augenlidern,
doch was sonst mein Blut
in Wallung bringt,
laß ich heut einfach abblitzen
geschwind
mache ich kehrt
und lasse die Mitglieder
die ach so wichtigen
einfach dasitzen.

Banales

Da läuft ein Läufer.
Da kauft ein Käufer.
Da seufzt ein Seufzer.

Der Pieks piekste.
Der Pups pupte.
Das miau miaute.
Der Ruf rief.
Der Stuhl stuhlte.
Das Schiff schiffte.
Der Regen regnete.
Der Baum baumte.
Der Schreiber schrieb.
Der Ton tönte.
Der Schuh schuhte.

Besuch

Wer hat mich heut Nacht
im Traum besucht?
Wache auf, noch ganz benommen.
Realität so fern und doch so
schrecklich nah.
Muß wieder funktionieren.

Benommenheit weicht einer
Leichtigkeit und
einer unerklärlichen Heiterkeit.
Das muß einer wunderbarer
Besuch (er) gewesen sein.

Beziehung

Träume
Von schwermutsvollen Wolken
Durchziehen
Das Zimmer
Vereinen sich mit jedem
Ton des Klaviers
Wie Wassertropfen
Sich hineinfallend
Gedanken kommen
und gehen
fliegen dahin
wie die Wolken
am Himmel
stumm
sitzen wir da
du eingehüllt
in eine Wolke des Schweigens
der Distanz
nichts an dich
heranlassend
scheinbar unbeteiligt
wartest, dass ich gehe?

Ich kann nicht
In dem Gefühl
Dass die Welt, in der
Du dich befindest
Auch die meine ist.
Unmöglich es mitzuteilen.

Das beleidigte Pferd

Unerhört!
Sagte das Pferd
als es merkte, daß keiner seinen ach so
wichtigen Reden aufmerksam lauschte
und setzte sich schmollend neben den Herd.

Willst du einen Brief
zum Kasten bringen
wird´s dir schwerlich wird gelingen
hast du keinen Brief dabei.

Das E

He!
Was macht denn das E dort auf dem Birnenbaum?
Ich traue meinen Augen kaum.
Es sitzt gemütlich auf dem Ast
und ißt ganz ohne Hast, na was?
Eine Birne
ganz allene.
Ich fragte dann das E,
wie's käme,
daß es HIER sitze,
dazu noch ganz allene,
statt wie es sich gehörte
in einem Wörte.
Zwischen Schmatzen, Schlürfen
Schlucken
war es schwierig zu verstehn',
was heraus kam zwischen seinen Zähn'.
Doch eines habe ich verstanden
und das sei hiermit gesagt:
auch ein E hat mal einen freien Tag.

Das einsame Gespräch

Ein einsames Gespräch durchwanderte die Nacht.
Es kam auch zu mir
und klopfte.
Herein! Rief ich, ist offen die Tür
Verduzt blieb ich stehn,
wir hatten uns schon mal gesehn.

Das Ramtamtam

Wo ein Haus, da ein Blatt,
da ein Schnick Schnack Schabernack.
Heute hier, morgen da,
dann und wann ein Ramtamtam.

Immerzu,
immerzu
klagt der Mensch sein
Uhuhu.

Das Rauschen der Blätter im Wind

Das Rauschen der Blätter im Wind,
sie flüstern, wispern und raunen
immerzu
und fragen dich
Ist es auch richtig,
was ich so tu?
Immerzu,
immerzu.
Sie lassen dir keine Ruh´
und fragen dich
Ist es auch richtig,
was ich so zu.
Nimm dir die Zeit
und hör ihnen zu,
denn sie haben noch mehr
zu sagen.
Ja, sie haben noch mehr zu sagen,
drum nimm dir die Zeit
und hör ihnen zu.

Das Zechgelage

Gestern habe ich gesoffen,
mich mal wieder selbst übertroffen.
War so groß
ihr glaubt's wohl kaum
wie ein ganzer Apfelbaum.
Erzählte Geschichten vom König,
von Ameisen und Elefanten, die sich gegenseitig
über den Haufen rannten.
Fing auch an, ein wenig zu dichten.
Doch nach des nächtens Zechgelage
war alles anders.
Keine Frage.
Ein kurzer Blick nur in die Küche
genügte...

Der Bestattungsvorsorgevertrag

morgen
schreiende, verzweifelte Menschen
der Bestattungsvorsorgevertrag
sinnlos
Schönwetterstimmung
blauer Himmel
weiße Wolken
Segelboote auf der Alster
trügerische Ruhe
in der Ferne das Donnergrollen des morgigen
Tages
erste grausige Vorboten
tote Robben
totes Meer(Nordsee)
Entenjunge quaken
nach ihrer Mutter
so, wie morgen
Menschenkinder nach ihren Müttern schreien
hungernd
verzweifelte Überlebende eines schrecklichen
Infernos
so wie es schon in der Bibel steht
für die Sünden der Väter
müssen die Jungen büßen
die Saat beginnt
aufzugehen.

Der Großbrandmeister

Seines Zeichen, so ging die Mär,
kam ein Großbrandmeister daher.
Immer wenn ein Feuer feute,
er sich freute.
Nahm die rote Feuerwehr
und raste tatütata quer
durch die Lande
zu dem Brande.
Nahm seinen großen Schlauch
und zi....................sch
war das Feuer aus.
Und die Geschichte hiermit auch.

Der Hampelmann

Ein Gedicht
wollte ans Tageslicht.
Da ist es nun.
Was sagt Ihr nun?

Es war einmal ein Hampelmann,
der sagte
guckt mal meinen Hampel an
wie ich damit schön hampeln kann
das kann kein andrer Mann.

Der Himmelsclan

Alles Täuschung
Alles Wahn
Das sagt mir der Himmelsclan
So sitze ich bei mir
auf zu DIR
Erfreue mich der Weise
Ganz still und leise
Sehe Wie die Wolken zieh´n
Das genügt mir.

Der Knopf

Es war einmal ein Knopf,
der sprang schnell in den Topf.
Er woll´t sich nur ein wenig gütlich tun
an dem Suppenhuhn.
Doch auf dem Rückweg, welch ein Mist
da blieb der Deckel zu.
So blieb nichts weiter ihm zu tun
als mitzukochen
mit dem Suppenhuhn.

Die Geschichte vom faulen König

Es war einmal ein König, der ein kleines Land regierte. Er hatte nicht viel zu tun, weil es eben ein kleines Land war. Doch dem König wurde eines schönen Tages, als er aus dem Fenster blickte, das Regieren zu viel. Er beschäftigte sich lieber mitschönem Essen. Er aß gern und gut. Und man sah es ihm auch an, denn er schob eine Kugel vor sich her, auch genannt der Bauch. Jeder im Lande kannte ihn nur mit dieser Kugel und sie liebten ihn auch deshalb, weil er so gutmütig war.

Nun, eines schönes Tages, also sagen wir, es war Montag, denn Montage hatte unser König nicht so gern, sagte er nach dem Frühstück zu seinem Diener Bert: „Ach mein lieber Bert, weißt du, ich habe heute gar keine Lust zu regieren, ich mache heute frei. Sag doch dem Pferdabgeordneten, es soll mich heute vertreten."

„Jawohl, mein König" sagte Bert, sein Diener, verbeugte sich, wie es sich für einen richtigen Diener gehört und ging rückwärts leise zur Tür heraus.

Er veranlaßte, was sein König angeordnet hatte. Der Pferdabgeordnete nahm auf dem Thron Platz und begann mit den Regierungsgeschäften. Als erstes brachten ihm die Helfer des Königs mehrere Anträge aus dem Volk. Darunter waren Dinge wie ein Antrag zur Einrichtung von Haltestellen-häuschen, damit die Leute nicht so naß wurden, wenn es regnete und sie auf den Bus warten mußten. „Nein" rief kategorisch das Pferd, das geht überhaupt nicht. Und es rechnete laut. „Ein Haltestellenhäuschen kostet 1000 DM (EU), wir haben, wie viele Haltestellen-häuschen haben wir?", fragte er seinen Helfer, der antwortete wie aus der Pistole geschossen: „ Fünftausenddreihundertundachtundneunzig, also 5398 x 1000, das macht 5.398.000 DM(EU)."„Also, nein, das ist zu teuer, soviel Geld haben wir nicht." Er sagte noch, die Leutekönnen sich ja Regenzeug anziehen.

Der nächste Antrag kam von der Fraktion der vereinten Rosenzüchter, sie wollten mehr Land zur Verfügung gestellt bekommen, damit sie noch mehr Rosen züchten könnten.

„Nein," rief erneut das Pferd, das den König vertrat, wo kommen wir denn dahin, dann haben wir ja weniger Spazierwege für das Volk, das geht nicht. Auch dieser Antrag wurde also abgelehnt. Jetzt kam ein Antrag von dem Verein für Vogelschützer. Sie wollten ein Verbot erreichen, daß während der Brutzeit der Vögel die Katzen im Hause gelassen wurden.

Der Abgeordnete Pferd wiegte nachdenklich den großen Kopf hin und her, dann ließ er nach einer Pause vernehmen:

„Die Idee an sich ist nicht schlecht, aber wer soll dann die Mäuse jagen? Ich muß den Antrag leider ablehnen, sonst haben wir demnächst eine Mäuseplage in unserem Land."

Der Abend nahte. Da kam noch in letzter Minute ein Vertreter der vereinigten Gestüter herangaloppiert und brachte noch ganz außer Atem den Antrag ein, die Zahl der Reitwege wesentlich zu erweitern, da eine unglaubliche Enge derselbigen zu verzeichnen sei. „Eine ausgezeichnete Idee!", rief der Königsvertreter, darüber habe ich mich auch schon so manches Mal geärgert. Dieses Gedrängel ist ja nicht auszuhalten. Dem Antrag wir stattgegeben," wies er den Protokollführer an.

Am nächsten Tag hatte der König immer noch keine Lust zu regieren. Er setzte sich lieber auf seine große Dachterrasse und aß ein Stück Erdbeertorte mit Sahne. Nebenbei fragte er seinen treuen Bert, wie denn die Regierungsgeschäfte ohne ihn liefen. Wahrheitsgemäß berichtete dieser seinem König alles. Der König war empört. Er sagte:

„Mein lieber Bert, weißt du was , die Regierungsgeschäfte werden ab sofort dem Pferdabgeordneten entzogen und dem Huhnabgeordneten übertragen, wir wollen doch mal sehn, ob der das besser kann, „Jawohl, mein König", entgegnete sein Diener, verbeugte sich wieder und ging rückwärts leise zur Tür heraus.

Der Huhnabgeordnete begann mit den Regierungsgeschäften. Nachdem einige verschiedene Anträge bearbeitet wurden, erreichte dem Huhnabgeordneten einer Eingabe aller eierlegenden Hühner im Lande, die ab sofort in den eierlegenden Streik treten würden, wenn sich ihre Situation nicht bessern würde, das heißt, wenn sie nicht mehr Auslauf bekämen.

„Gute Idee", rief der Huhnabgeordnete und stellte sich vor seine Leute. Dies hörte der Diener, eilte sofort zu seinem König und berichtete ganz außer Atem.

„Unerhört, so geht das nicht, „ließ der König vernehmen, denn er fürchtete um sein Frühstücksei, welches er so gerne verzehrte. Ab sofort verlegte er sich wieder aufs Regieren und alle Leute waren zufrieden.

Ein Blatt, ein Floh und Frau Sowieso

Es tanzt ein Blatt,
es lacht ein Floh.
Und was macht Frau Sowieso?
Sie geht zur Pro.
Oh wie schade
oh wie dumm,
geht ihr doch nur im Kopf herum
Wurst und Käse,
morgen fahr ich nach Blankenese.
Saubermachen
wischen waschen.
Links herum und rechts herum,
Trepp auf Trepp ab.
Immer ernst sein,
nur nicht lachen.
Denn das könnte Freude machen.

Jeder würde seh'n
Oh, Frau Sowieso geht's gut,
wie schön!
Doch der Haken an der Sache ist,
sie könnt' sich gar nicht mehr beklagen
(welch ein Mist)
wie schrecklich doch das Leben ist
besonders heutzutage
hätt man ja nur Plagen.

Ja ja
Es tanzt ein Blatt,
es lacht ein Floh.
Und Frau Sowieso geht zur Pro.

Was soll ich sagen
In alten wie in diesen Tagen
sind's die gleichen Plagen,
die die Leute haben.

Ein Heller und ein Batzen

Ein Heller wollt mal
schwatzen mit einem Batzen;
wie's wohl wär
mit der Mär,
daß Geld nicht glücklich macht,
aber beruhigt.
Doch der Batzen rief nervös:
Keine Zeit, keine Zeit!

Engelsbesuch

Heute morgen schauen die Engel vorbei
Die Luft ist klar und rein
Alle sind freundlich,
bist du auch dabei?

Esel, Kuh und Wudiwu

Esel, Kuh und Wudiwu
Machten einst zusammen MUH,
da sagte die Kuh zum Esel:
du bist vielleicht ein Scheßel
ich denk du bist ein Esel
der macht doch gar nicht MUH.
Da machte der Esel: HUH!
Und erschreckte so die arme Kuh.

Form und Inhalt

Warum nur ist es so schwer zu verstehn,
daß keine Form kann lang bestehn,
wenn sie ohne Inhalt ist,
und sei sie auch noch so schön.
Dieses ist doch überall zu sehn.

Frühling

Mir ist's so
ich möchte ein Gedicht schreiben
von zarten Lindendüften
lauer Frühlingsluft
und Du
der Du leichtfüßig neben
 mir gehst
so schweben wir
durch die Nacht

Gebet

Allmächtiger Gott
Schöpfer des Himmels und der Erde.
Jedes Jahr auf's Neue
schickst Du uns Deine Himmelsboten,
die den nahenden Frühling
ankündigen.
Leise zwitschernd bis lautes Frohlocken
erfüllt die Luft,
um Deine Herrlichkeit
zu lobpreisen
jetzt und in alle Ewigkeit.
In Dankbarkeit
und ewiger Treue.

HEILIG HEILIG

Spürst Du auch die himmlische Stille
an diesem frühen Morgen?
Die Anwesenheit himmlischer Wesen?
Vielleicht ist heute Besuchstag
auf der Erde.
Gestatten, darf ich mich vorstellen,
du siehst mich nicht
aber du spürst mich.

Eingebettet
in Deine himmlische Liebe
fühle ich mich sicher und geborgen.
So sicher und so geborgen.

Herr Mink Monk

Herr Mink Monk
Spielte Ping Pong

Da kam ein alter
Schlink Schlonk

Und pongte ihn in den See.

Herr Mink Monk
fand das gar nicht gut

und sann auf Rache
voller Wut.

Und was dann geschah
Das kann man lesen

Jeden Tag wieder neu
In der Zeitung.
Fürwahr.

Ich sehe was, was du nicht siehst

Seht nur seht
Was ich habe hier erspäht!
Doch des Volkes Masse
Dumm
Rennt nur blöd im Kreis herum
Einer kommt vorbei
Einerlei
Schon vorbei
Schon zu spät.

Ich sitze auf dem Baum

Ich sitze auf dem Baum,
so versteckt
man sieht mich kaum.
Komm lieber Wind
spielen wir ein Spiel
du bist die Mutter
Und ich dein Kind..
Komm lieber Wind,
schaukel mich geschwind.

Kleiner zarter Junge

Du hast meine Seele berührt.
Voller Vertrauen erzählst du mir,
daß du vorgestern Geburtstag gehabt hast.
Was das schönste Geschenk war,
wollt ich wissen.
Boxhandschuhe,
ich fass es nicht.
Die Mutter: der Boxer kommt später.
Ich versteh nicht.
Na, der Punchingball
Damit er sich abreagieren kann.
Später als sie weg sind:
Ich bin erschüttert und traurig zugleich
Was hat diese kleine Seele
Schlimmes erfahren.

„Ist schon mal jemand an dieser Welt
zerbrochen?"

Das möchte ich heute Morgen in die Welt
hinausschreien.

Letztes Lied einer Birke

Es wiegt sich eine
Birke im Wind.

Schlaf ein mein Kind
Schlaf ein mein Kind.

Es wiegt sich eine
Birke im Wind.

Tage später wurde sie gefällt.

Marktbeginn

Der Tag erwacht.
Menschen eiligen Schrittes auf dem
Weg zur Arbeit.
Erster Kaffeetrinker im Stehen.
Die Klappen der Markthändler werden
geöffnet.
Möwen kreischen
Es soll kälter werden.

Nach dem Sturm

Nach dem Sturm
senkt sich Ruhe über die Stadt.
Man hört wieder die Alltagsgeräusche
ein Zug fährt vorbei
ein Auto nimmt die Kurve
in der Ferne Menschenstimmen
auch die Vögel haben sich zur Ruhe
begeben .
Am Horizont der orangefarbene Abendhimmel
es ist schon dunkel
nur der Globus leuchtet hell
und wunderschön
wann hat das Jagen ein Ende?
Nur die Toten haben ihre Ruhe
und hoffentlich ihren Frieden
das möchte man gern glauben
wie beneidenswert.

Nach der Krise

Leben
Lange vermisst
Es fängt wieder an
Einfach ohne Ziel
Durch die Gegend
Zu fahren
Anhalten
Wo es einem gefällt
Haben Sie auch kaltes Flaschenbier?
Ja. Becks und Weizen.
Dann möchte ich
bitte ein kaltes Becks.
Gerne.
Ein Lächeln.
Es geht mir wieder gut.
Leben
Lange vermisst
Es fängt wieder an.

Ohne Titel

Wie Nebelschwaden
Steigt der Zigarettenrauch
Im Sonnenlicht
Über der Heizung auf.
Verhüllen das dahinterliegende Bild.
Ein Segelschiff
Auf dem Ozean.
Alltägliche Verrichtungen verblassen...

He! Aus den Tiefen der See
steigt ein Ungeheuer in die Höh!

Komm´ Sie her, Sie Wicht!
Schämen Sie sich denn nicht,
Rüffel von oben
an andere nach unten weiterzureichen,
statt die Rechnung mit denjenigen selbst zu
begleichen.

Septemberabend in der Großstadt

Rausgehen
vorbei an der großen Kreuzung
rosa Wolke am Himmel
rein in den Park.
Welch eine Stille,
kein Lüftchen regt sich,
kein Blatt bewegt sich.
Lachen in der Ferne.
Jugendliche auf einer Parkbank,
ein Mensch macht Tai chi,
ein Vogel zwitschert leise.
Ab und zu das tap tap tap
      der Läufer.
Die Zeit steht still.

Stimmungssache

Scheint dir das Leben mal wieder sinnlos und leer,
unüberwindbare Hindernisse
                    über, unter, neben dir,
und du dich wieder einmal fragst,
was soll ich eigentlich hier,
wird's Zeit sich zurückzuziehn'
von des Dingen äußerem Schein,
wird's Zeit, einzutauchen in die himmlische Stille
in das Licht
ganz tief in dir selbst hinein.
Hier ist der Ort, wo niemand dich stört,
wo du die Quellen göttlicher Weisheit erfährst.
Drum jammere, klage und verzage nicht,
auch du hast die Wahl:
Dunkelheit oder Licht.

Vaterlos

Ei,ei,ei,ei,ei,da da da da da da.
Ich will zu meinem Vata.
Das Kleinkind brüllt,
die Mutter wild.
Denn der Vata,
der ist schon längst nicht mehr da da.

Vergehen möcht ich

Vergehen möcht ich
heraus aus meiner irdischen Haut
eintauchen in den göttlichen Odem
leicht sein
schwerelos
wie ein Schleier mich in den Wogen
des Äthers wiegen
mich auflösen
wieder vereinen
mich wiegen
das Meeresrauschen sein
nur Frieden
Liebe
an alle Wesen.
heut und immerdar.

Von (m) Stapeln
im Allgemeinen und Besonderen

Kennen Sie das auch, verehrte Mitmenschen, eben
haben Sie die Wohnung aufgeräumt, schon
türmen sich relativ kurzer Zeit an verschiedenen
Orten kleine Stapel von Papier. Quasi wie aus
dem Nichts, als wären sie Pilze, die einfach so aus
dem Boden sprießen. Nun wissen wir als
aufgeklärte Mitteleuropäer, dass Papier nicht so
einfach aus dem Boden sprießt. Aber es stellt sich
doch die Frage:
Wie kommt das bloß? Wie kann es sein? Gerade
noch eine ebene Fläche, schon wie ein von
Maulwurfshügeln übersäter Rasen (was auch
schon Thema für sich wäre), überall mehr oder
weniger große Papierstapel.
Ich versuche der Sache auf den Grund zu gehen
und stelle Beobachtungen an, mache quasi einen
Selbstversuch in Sachen Papierstapel. Hier ist
einer, den knöpfe ich mir vor: Verschiedene
Prospekte, neudeutsch auch Flyer genannt,
kommen mir in die Finger. Kinoprogramme,
Konzertankündigungen, Lesungen usw....alles
schon gewesen, also weg damit. Ebenso die
interessanten Zeitungsausschnitte, die ich, wenn

ich mal Zeit habe, vielleicht am Wochenende, lesen werde. Also zur Seite sortiert, was der Beginn eines neuen Stapels ist. Nachdem ich auf diese Weise mehrere Stapel abgearbeitet habe, bleibt zum Schluß tatsächlich nur noch ein einziger übrig, was mich richtig glücklich macht. Toll, denke ich, hast gut aufgeräumt, endlich wieder Platz.

Irgendwann suche ein wichtiges Schriftstück. Durchstöbere den einzigen größeren Papierberg, nichts. Nervös suche ich weiter, bis ich es schließlich unter einem sehr kleinen, unscheinbaren und daher nicht weiter auffälligen Haufen entdecke.

Stellt sich am Schluß die Frage, was bin ich jetzt, Hochstapler oder Tiefstapler?

In diesem Sinne weiterhin viel Spaß beim fröhlichen stapeln!

Von zwei ungleichen Wesen

Ein Habicht und ein Huhn
hatten einmal nichts zu tun.

Der Zufall wollt´s,
sie trafen sich.

Der Habicht denkt:
Der ist ja fürchterlich.

Das Huhn, das dachte das Gleiche.
Nun sieht man sie beide

wie sie ziehen wieder
ihre Kreise.

Willst du einen Brief

Willst du einen Brief
zum Kasten bringen
wird´s dir schwerlich wird gelingen
hast du keinen Brief dabei.

Danksagung

Mein Dank gilt Petra Döbereiner, die mir den
Anstoß gegeben hat sowie Tom Todd,
ohne dessen umfangreiche
Computerkenntnisse und Hilfe bei der
Umsetzung es dieses Buch nicht geben würde.